ENGLISH G

LIGHTHOUSE

Vokabeltaschenbuch

3

Vokabel
Trainer
Cornelsen

Vokabeltrainer-App

Verfügbar für: iOS, Android und Windows Phone

W0215313

Cornelsen

English G · Lighthouse · Band 3

Vokabeltaschenbuch

Im Auftrag des Verlages herausgegeben von
Wolfgang Biederstädt, Köln
Frank Donoghue, Nenagh, Ireland

Erarbeitet von
Uwe Tröger, Hannover

Illustrationen
Jeongsook Lee, Heidelberg

Layoutkonzept und technische Umsetzung
Klein & Halm Grafikdesign, Berlin

Umschlaggestaltung
Cornelsen Schulverlage Design unter Verwendung der Entwürfe von Klein & Halm Grafikdesign, Berlin, und kleiner & bold, Berlin

www.cornelsen.de

1. Auflage, 6. Druck 2022

Alle Drucke dieser Auflage sind inhaltlich unverändert und können im Unterricht nebeneinander verwendet werden.

Druck: AZ Druck und Datentechnik GmbH, Kempten

ISBN 978-3-06-033299-1

PEFC
PEFC/04-31-2260

PEFC zertifiziert
Dieses Produkt stammt aus nachhaltig bewirtschafteten Wäldern und kontrollierten Quellen.

www.pefc.de

Das **Vocabulary** enthält alle neuen Wörter und Wendungen des Buches, die du **lernen** musst. Sie stehen in der Reihenfolge, in der sie im Buch zum ersten Mal vorkommen.

Hier siehst du, wie das **Vocabulary** aufgebaut ist:

Diese Zahl gibt die **Seite** an, auf der die Wörter zum ersten Mal vorkommen.
p. 15 = Seite 15

Dies ist das „Gegenteil"- Zeichen.
agree ◄► disagree
bedeutet: „**agree**" ist das Gegenteil von „**disagree**".

p. 15	**revision** [rɪ'vɪʒn]	Wiederholung *(des Lernstoffs)*	
	youth [juːθ]	Jugend, Jugend-	
p. 22	**disagree (with** sb.) [dɪsə'griː]	anderer Meinung sein (als jemand); nicht überein- stimmen (mit jm.)	I'm sorry, but I **disagree with** you. (= I think you're wrong.) **agree ◄► disagree**
	airport ['eəpɔːt]	Flughafen	
	arrival [ə'raɪvl]	Ankunft	
	departure [dɪ'pɑːtʃə]	Abflug	
	gate [geɪt]	Flugsteig	
	plane [pleɪn]	Flugzeug	
p. 32	**heavy** ['hevi]	schwer	**!** **schwer** *(von Gewicht)*: a **heavy** box **schwer, schwierig:** a **difficult** question

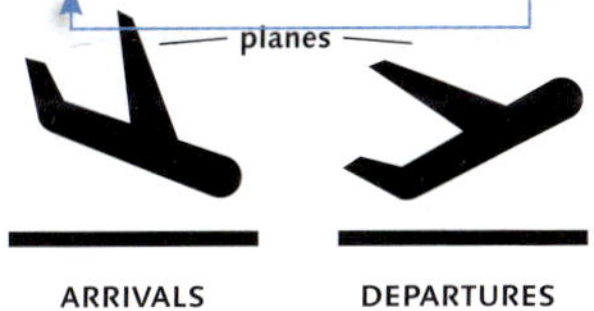

Die **Lautschrift** zeigt dir, wie ein Wort ausgesprochen wird. Eine Übersicht über die **Lautschriftzeichen** findest du auf S. 5.

Das **rote Ausrufezeichen** bedeutet: Vorsicht, hier macht man leicht Fehler!

	arrival [ə'raɪvl]	Ankunft
	departure [dɪ'pɑːtʃə]	Abflug
	gate [geɪt]	Flugsteig
	plane [pleɪn]	Flugzeug
p. 32	**heavy** ['hevi]	schwer
	anything ['eniθɪŋ]	*(in Fragen)* irgendetwas

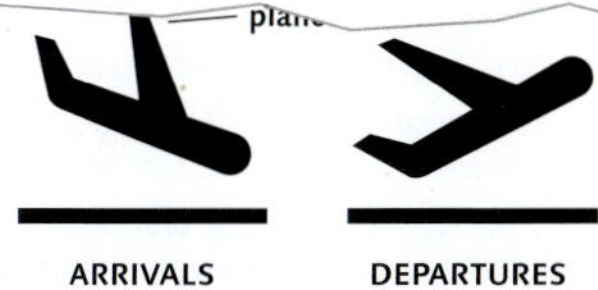

! **schwer** *(von Gewicht)*: a **heavy** box
schwer, schwierig: a **difficult** question

anything
1. *in Fragen und if-Sätzen:* **(irgend)etwas**
Do you know **anything** about it?
Please phone us <u>if</u> you know **anything** about it.
2. *in verneinten Sätzen:* **nichts**
We don't know **anything** about it.

Der **blaue Pfeil** heißt: Zu diesem Eintrag gibt es in der rechten Spalte einen blauen Kasten.

Die **blauen Kästen** solltest du dir immer besonders gut ansehen. Dort stehen wichtige Hinweise zu den neuen Wörtern.

Im **Vocabulary** werden folgende **Abkürzungen** verwendet:

p.	= page (Seite)	sth.	= something (etwas)
pp.	= pages (Seiten)	*pl*	= *plural* (Mehrzahl)
sb.	= somebody (jemand)	*infml*	= *informal* (umgangssprachlich)

English sounds

[iː]	gr**ee**n, h**e**, s**ea**
[ɑː]	**a**sk, cl**a**ss, c**ar**, p**ar**k
[ɔː]	**or**, b**a**ll, d**oor**, f**our**, m**or**ning
[uː]	r**u**ler, bl**ue**, t**oo**, tw**o**, y**ou**
[ɜː]	**ear**ly, h**er**, g**ir**l, w**or**k, T-sh**ir**t
[ɪ]	**i**n, b**i**g, **e**xpens**i**ve
[e]	y**e**s, b**e**d, ag**ai**n, br**ea**kfast
[æ]	**a**nimal, **a**pple, bl**a**ck, c**a**t
[ʌ]	m**u**m, b**u**s, c**o**lour
[ɒ]	s**o**ng, **o**n, d**o**g, wh**a**t
[ʊ]	b**oo**k, g**oo**d, p**u**llover
[ə]	**a**gain, t**o**day, **a** sist**er**
[i]	happ**y**, monk**ey**
[eɪ]	n**a**me, **eigh**t, pl**ay**, gr**ea**t
[aɪ]	**I**, t**i**me, r**igh**t, m**y**
[ɔɪ]	b**oy**, t**oi**let, n**oi**se
[əʊ]	**o**ld, n**o**, r**oa**d, yell**ow**
[aʊ]	n**ow**, h**ou**se
[eə]	wh**ere**, p**air**, sh**are**, th**eir**
[ʊə]	t**our**

[b]	**b**ike, ta**b**le, ver**b**
[p]	**p**en, **p**a**p**er, sho**p**
[d]	**d**ay, win**d**ow, goo**d**
[t]	**t**en, le**tt**er, a**t**
[g]	**g**o, a**g**ain, ba**g**
[k]	**k**itchen, **c**ar, ba**ck**
[m]	**m**an, re**m**e**m**ber, **m**u**m**
[n]	**n**o, o**n**e, te**n**
[ŋ]	wro**ng**, you**ng**, u**n**cle, tha**n**ks
[l]	**l**ike, o**l**d, sma**ll**
[r]	**r**uler, f**r**iend, so**rr**y
[w]	**w**e, **wh**ere, **o**ne
[j]	**y**es, **y**ou, **u**niform
[f]	**f**amily, a**f**ter, lau**gh**
[v]	**v**ery, se**v**en, ha**v**e
[s]	**s**ix, po**s**ter, ye**s**
[z]	**z**oo, qui**z**, hi**s**, mu**s**ic, plea**se**
[ʃ]	**sh**e, sta**ti**on, Engli**sh**
[ʒ]	u**s**ually, revi**s**ion, gara**ge**
[tʃ]	**ch**ild, tea**ch**er, wa**tch**
[dʒ]	**j**ob, **G**erman, pro**j**ect, oran**ge**
[θ]	**th**ing, **th**ree, ba**th**room, bo**th**
[ð]	**th**e, fa**th**er, wi**th**
[h]	**h**ouse, **wh**o, be**h**ind

Am besten kannst du dir die Aussprache der einzelnen Lautzeichen einprägen, wenn du dir zu jedem Zeichen ein einfaches Wort merkst – das [iː] ist der **green**-Laut, das [eɪ] ist der **name**-Laut usw.

The English alphabet

a	[eɪ]	**n**	[en]
b	[biː]	**o**	[əʊ]
c	[siː]	**p**	[piː]
d	[diː]	**q**	[kjuː]
e	[iː]	**r**	[ɑː]
f	[ef]	**s**	[es]
g	[dʒiː]	**t**	[tiː]
h	[eɪtʃ]	**u**	[juː]
i	[aɪ]	**v**	[viː]
j	[dʒeɪ]	**w**	['dʌbljuː]
k	[keɪ]	**x**	[eks]
l	[el]	**y**	[waɪ]
m	[em]	**z**	[zed]

Unit 1: I love London

p. 8	**palace** ['pæləs]	Palast	
	king [kɪŋ]	König	
	queen [kwiːn]	Königin	
	president ['prezɪdənt]	Präsident/in	
	famous (for) ['feɪməs]	berühmt (für, wegen)	London is **famous for** its theatre shows.
	bell [bel]	Glocke; Klingel	 **bells** 
	tower ['taʊə]	Turm	
	detective [dɪ'tektɪv]	Detektiv/in	
	the Tube [tjuːb]	die U-Bahn *(in London)*	**!** *English:* **on the Tube** *German:* **in der U-Bahn** 
	the underground ['ʌndəgraʊnd]	die U-Bahn	In London, the **underground** is called "the Tube".
	travel ['trævl]	reisen; fahren, sich fortbewegen	Last year we **travelled** to Italy in the holidays. In big cities, we always try to **travel** by bus.

p. 9	**ride** [raɪd]	Fahrt; Fahrgeschäft *(auf Volksfest, in Vergnügungspark)*	A **ride** on the London Eye is quite expensive. When I'm at a theme park, I always go on the fast **rides**.
	take, took, taken	dauern, *(Zeit)* brauchen	How long does a bus ride to Plymouth **take**? It doesn't **take** long to get home from here.
	square [skweə]	Platz *(in Stadt oder Dorf)*	Let's meet at the market **square**, OK?
	pay (for sth.**)** [peɪ], **paid, paid** [peɪd]	(etwas) bezahlen	! *English:* Let me **pay for** the pizzas. *German:* Lass mich die Pizzas **bezahlen**.
	fine [faɪn]	Geldstrafe	
	high [haɪ]	hoch	What's the **highest** mountain in Germany?
	sights *(pl)* [saɪts]	Sehenswürdigkeiten	

Theme 1

p. 10	**What's special about …?** ['speʃl]	Was ist das Besondere an …?	
	local ['ləʊkl]	örtlich, Orts-, Lokal-	Do all your friends go to the **local** school? (= Gehen … hier im Ort zur Schule?)
	written **by** … [baɪ]	geschrieben von …	Our school magazine is written **by** students alone.

think of/about	halten von, denken über	What do you **think of / think about** the new James Bond film?

think		
think	I **think** that's right.	**denken, glauben, meinen**
think of	**1. Think of** your favourite film and tell us about it. **2. Think of** a word with six letters.	**denken an** **sich ausdenken**
think of/about	What do you **think of / think about** the story?	**halten von, denken über**

not (…) anywhere ['eniweə]	nirgendwo; nirgendwohin	I like my hometown. I do**n't** want to live **anywhere** else. (= nirgendwo sonst, nirgendwo anders)
bored [bɔːd]	gelangweilt	! The play was **boring**. **langweilig** I was **bored**. **gelangweilt**
downside ['daʊnsaɪd]	Kehrseite, Nachteil	the **downsides** = the bad things about sth.
upside ['ʌpsaɪd]	gute Seite, Vorteil	the **upsides** = the good things about sth.
fashion ['fæʃn]	Mode	
shopping mall ['ʃɒpɪŋ mɔːl] *(oft auch kurz:* **mall***)*	Einkaufszentrum	= shopping centre
be allowed to do sth. [ə'laʊd]	etwas tun dürfen	**Are** you **allowed to** use dictionaries in your English tests?

	culture ['kʌltʃə]	Kultur	
	amazing [ə'meɪzɪŋ]	erstaunlich	
p. 11	two years **ago** [ə'gəʊ]	vor zwei Jahren	The Bakers moved to Bristol six months **ago**. **!** *English:* **two years/six months ago** *German:* **vor zwei Jahren/sechs Monaten**
	huge [hjuːdʒ]	riesig	

big – huge – tall

big	„groß" – a **big** family; a **big** house; a **big** city	a very **big** man
huge	„riesig", „sehr groß"	a **huge** teddy bear
tall	„groß (gewachsen)" *(bei Personen)*	a **tall** man

traffic ['træfɪk]	Verkehr	I think there's too much **traffic** in big cities.
brilliant ['brɪliənt]	super, großartig	I loved the film. It was **brilliant**.

Theme 2

p. 12	**transport** ['trænspɔːt]	Verkehrsmittel; Transport(wesen)	! Betonung auf der 1. Silbe: **trans**port ['trænspɔːt]
	book [bʊk]	buchen, reservieren	That restaurant is quite famous. You should **book** a table.
	museum [mju'ziːəm]	Museum	
	Travelcard ['trævlkɑːd]	*Ein- oder Mehrtagesfahrkarte der Londoner Verkehrsbetriebe*	
	just [dʒʌst]	nur, bloß	Listen to me for **just** five minutes, please. Don't **just** sit there! Get up and help me.
	ticket ['tɪkɪt]	Fahrkarte	! **ticket** = **1.** Eintrittskarte; **2.** Fahrkarte
	Olympic Games [ə'lɪmpɪk 'geɪmz]	Olympische Spiele	
	high street ['haɪ striːt]	Hauptstraße *(mit vielen Geschäften)*	
	over 300 ['əʊvə]	über 300, mehr als 300	
	busy ['bɪzi]	belebt; verkehrsreich	

a very busy high street

	Europe ['jʊərəp]	Europa		
p. 13	**I'd prefer …** [prɪ'fɜː] **(= I would prefer …)**	ich würde … vorziehen; ich würde lieber …	Cake or sandwiches? – **I'd prefer** a sandwich. **I'd prefer** to stay at home.	

Focus on language

p. 14	**safe** [seɪf]	sicher; in Sicherheit	! Be careful and you'll be **safe**. I'm **sure** you'll be OK.	**sicher, in Sicherheit** **sicher(lich)**
	danger ['deɪndʒə]	Gefahr		
	pickpocket ['pɪkpɒkɪt]	Taschendieb/in		
	escalator ['eskəleɪtə]	Rolltreppe		
	stand [stænd], **stood, stood** [stʊd]	stehen; sich (hin)stellen	You should **stand** on the right on British escalators.	
	be in a hurry ['hʌri]	in Eile sein, es eilig haben	Sorry, I can't talk to you, **I'm in a hurry**.	
	respect [rɪ'spekt]	respektieren, achten		
	hood [hʊd]	Kapuze		
	take risks [rɪsks]	Risiken eingehen		

	fight [faɪt], **fought**, **fought** [fɔːt]	kämpfen	
	throw [θrəʊ], **threw** [θruː], **thrown** [θrəʊn]	werfen	
p. 15	**revision** [rɪ'vɪʒn]	Wiederholung *(des Lernstoffs)*	
	pick sb. **up** [pɪk 'ʌp]	jn. abholen	He's **picking up** Mrs Carter.
	around ... [ə'raʊnd]	um ... (herum)	

around

„um ... (herum)"	Suddenly there was water all **around them**. Let's run **around the lake**. Who is fastest?	überall um sie herum um den See (herum)
„in ... umher", „durch"	We rode our bikes **around the village**. Don't run **around the classroom**, please.	im Dorf umher, durchs Dorf im Klassenzimmer umher, durchs Klassenzimmer
„herum..."/ „umher..."	They **walked around** and chatted. The dogs **ran around** and enjoyed the sun.	herumlaufen, umherspazieren herumrennen, umherrennen

	loud [laʊd]	laut	**loud ◄► quiet**
	youth [juːθ]	Jugend, Jugend-	
p. 16	**leave** [liːv], **left, left** [left]	verlassen	I took my bags and **left** the room. Dad **left** school when he was 16 years old.

cap [kæp] — Mütze, Kappe

airport ['eəpɔːt] — Flughafen

arrival [ə'raɪvl] — Ankunft

departure [dɪ'pɑːtʃə] — Abflug

gate [geɪt] — Flugsteig

flight [flaɪt] — Flug

plane [pleɪn] — Flugzeug

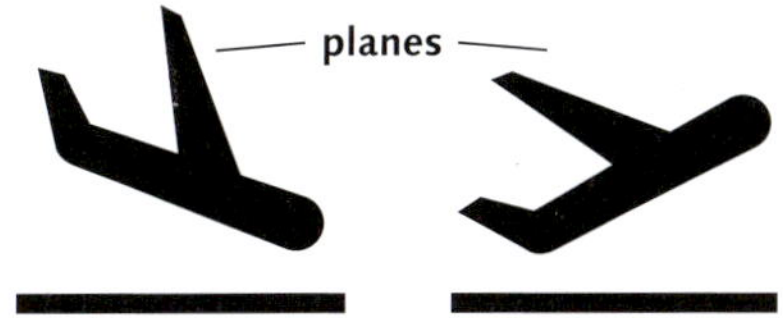

get on a plane/bus/train — in ein Flugzeug/einen Bus/ einen Zug einsteigen

get off a plane/bus/train — aus einem Flugzeug/Bus/Zug aussteigen

They're **getting on** the bus.

They're **getting off** the bus.

Story

p. 17 **Do you get it?** *(infml)* — Verstehst du?/Kapierst du? — That joke is brilliant. **Do you get it?**

	I don't care. [keə]	Ich mach mir nichts draus. / Ist mir egal.	My name is Stuart. At school, they call me Stupid Stuart, but **I don't care**.
	dinosaur ['daɪnəsɔː]	Dinosaurier	! Betonung auf der 1. Silbe: **di**nosaur ['daɪnəsɔː]
	waste [weɪst]	Verschwendung	
	disaster [dɪ'zɑːstə]	Katastrophe, Desaster	
p. 18	**begin** [bɪ'gɪn], **began** [bɪ'gæn], **begun** [bɪ'gʌn]	beginnen, anfangen	
	department store [dɪ'pɑːtmənt stɔː]	Kaufhaus	
	department [dɪ'pɑːtmənt]	Abteilung	
	security [sɪ'kjʊərəti]	Sicherheit; Sicherheits-	**a security check at the airport**
	kick [kɪk]	treten, schießen	
	keep [kiːp], **kept, kept** [kept]	behalten	Thanks for the magazine. Can I **keep** it, or do you want to have it back?
	Guess what – … [ges]	Stell dir vor – …	**Guess what** – we have a new dog.
	million ['mɪljən]	Million	! Betonung auf der 1. Silbe: **mi**llion ['mɪljən]
	dollar ($) ['dɒlə]	Dollar	
p. 19	**at last** [ət 'lɑːst]	schließlich, endlich	
	be called [kɔːld]	genannt werden, heißen	Do you like the song? The band **is called** *Surf*.

earthquake ['ɜːθkweɪk]	Erdbeben	
machine [mə'ʃiːn]	Maschine, Gerät	
main [meɪn]	Haupt-	the **main** thing/problem/road = the most important thing/problem/road
point [pɔɪnt]	Punkt	Three **points** for the right answer!
different from ['dɪfrənt]	anders als	! *English:* **different from** *German:* **anders als**
point of view [pɔɪnt əv 'vjuː]	Standpunkt	Tell us what happend from your **point of view**. (= aus deiner Sicht)

Skills training

p. 20	**course** [kɔːs]	Kurs, Lehrgang	My father does an English **course** on Friday evenings.
	article ['ɑːtɪkl]	(Zeitungs-)Artikel	! Betonung auf der 1. Silbe: article ['ɑːtɪkl]
p. 21	**word building** ['wɜːd bɪldɪŋ]	Wortbildung	
	mean [miːn], **meant, meant** [ment]	bedeuten	What does "the main question" **mean**? – It **means** "the most important question".
	newspaper ['njuːspeɪpə] *(oft auch kurz:* **paper***)*	Zeitung	

p. 22	**That's rubbish.** ['rʌbɪʃ] *(infml)*	Das ist Unsinn./ Das ist Quatsch.	He says Dublin is in Scotland, but **that's rubbish** – Dublin is in Ireland!
	You're right./ You're wrong.	Du hast Recht./ Du hast Unrecht.	**You're right** – the concert is tomorrow, not today.
	No way! [nəʊ 'weɪ]	Auf keinen Fall!	Do I want green hair? **No way!**
	disagree (with sb.**)** [dɪsə'griː]	anderer Meinung sein (als jemand); nicht übereinstimmen (mit jm.)	I'm sorry, but I **disagree with** you. (= I think you're wrong.) **agree ◀▶ disagree**
p. 23	**ringtone** ['rɪŋtəʊn]	Klingelton	

Unit 2: Country life

Theme 1

p. 30	**nowhere** ['nəʊweə]	nirgendwo; nirgendwohin	My grandparents live miles away from us **in the middle of nowhere**. (*etwa:* … am Ende der Welt)
	business ['bɪznəs]	Geschäft, Firma	My dad's new **business** is on Summer Street.
	van [væn]	Transporter, Lieferwagen	
	install [ɪn'stɔːl]	installieren, einrichten	John wants to **install** a TV in his bathroom!
	CCTV camera [siː siː tiː 'viː]	Überwachungskamera	
	It sucks! [sʌks] *(infml)*	Es nervt! / Es ist Mist!	I'm not allowed to go to the cinema with you. **It sucks!**

church [tʃɜːtʃ]	Kirche	
pub [pʌb]	Kneipe, Lokal	

... or something	... oder so was	Mike has a new job – he installs cameras in shopping centres **or something**.
sound [saʊnd]	klingen, sich *(gut/schrecklich/ ...)* anhören	A picnic in the park? That **sounds** great.
Keep me posted. ['pəʊstɪd]	Halt mich auf dem Laufenden.	
What a pain! [peɪn] *(infml)*	*etwa:* So ein Mist. / Es nervt!	
p. 31 **lead** [liːd]	(Hunde-)Leine	
gate [geɪt]	Tor, Gatter	

Take it easy! *(infml)*	*etwa:* Reg dich nicht auf. / Bleib mal locker.	
chase sb./sth. [tʃeɪs]	jn./etwas jagen; hinter jm./etwas herrennen	
track [træk]	Pfad, (Feld-)Weg	The cat is **chasing** the mouse.

Theme 2

p. 32	**hero,** *pl* **heroes** ['hɪərəʊ], ['hɪərəʊz]	Held/in	
	save [seɪv]	retten	! **save** = **1.** retten; **2.** sparen *(Geld; Zeit)*
	get out (of sth.**)** [get 'aʊt]	(aus etwas) herauskommen	Jeremy's dog fell into a river, and Jeremy had to help him to **get out**.
	ring [rɪŋ], **rang** [ræŋ], **rung** [rʌŋ]	anrufen	I can't talk now, I'm late for school. I'll **ring** you back, OK? ! **ring** = **1.** klingeln, läuten; **2.** anrufen
	brave [breɪv]	mutig	Jeremy was very **brave** – he went into the river and saved his dog.
	deep [diːp]	tief	The water was very **deep**.
	drown [draʊn]	ertrinken	Jeremy and his dog nearly **drowned**.
	heavy ['hevi]	schwer	! **schwer** *(von Gewicht)*: a **heavy** box **schwer, schwierig:** a **difficult** question
	daughter ['dɔːtə]	Tochter	
	son [sʌn]	Sohn	
	react [ri'ækt]	reagieren	Jeremy **reacted** very fast.
	recently ['riːsntli]	in letzter Zeit; vor Kurzem	There have been a lot of accidents in our street **recently**.

	clear [klɪə]	klar, deutlich, eindeutig
	countryside ['kʌntrisaɪd]	Landschaft, Umgebung, Natur
	anything ['eniθɪŋ]	*(in Fragen)* irgendetwas →

anything

1. *in Fragen und if-Sätzen:* **(irgend)etwas**
   Do you know **anything** about the dogs?
   Please phone us if you know **anything** about the dogs.
2. *in verneinten Sätzen:* **nichts**
   We don't know **anything** about the dogs.

p. 33	**take a message** ['mesɪdʒ]	(jm.) etwas ausrichten
	leave a message	eine Nachricht hinterlassen
	I'm afraid … [ə'freɪd]	Leider …
	right now [raɪt 'naʊ]	jetzt gerade; im Augenblick

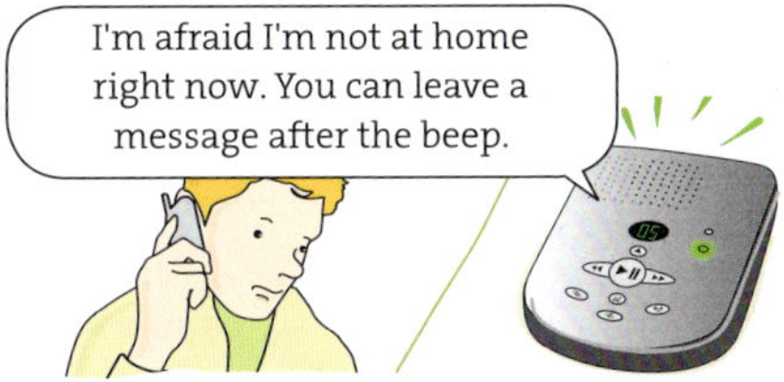

rude [ruːd]	unhöflich, frech	
the other day	neulich	
among the sheep [ə'mʌŋ]	zwischen den Schafen, unter den Schafen	a cat **among** the dogs 
probably ['prɒbəbli]	wahrscheinlich	

Focus on language

p. 34 Have you **ever …?** ['evə]	Hast du schon mal …?/ Hast du jemals …?	Have you **ever** eaten crocodile meat?
prepare [prɪ'peə]	vorbereiten; sich vorbereiten	We're **preparing** a talk/a show/… ! *English:* I have to **prepare for** a test. *German:* Ich muss **mich auf** einen Test **vorbereiten**.
Have you ever **been to** …?	Bist du schon mal in … gewesen?	! *English:* I've **been to** London/**to** a farm/**to** the sea. *German:* Ich **war schon mal in** London/**auf** einem Bauernhof/**am** Meer.
tractor ['træktə]	Traktor	
once [wʌns]	einmal	
twice [twaɪs]	zweimal	**once** (1x) – **twice** (2x) – **three times** (3x)

	result [rɪ'zʌlt]	Ergebnis, Resultat	
p. 35	**since** August / 12 o'clock [sɪns]	seit August / 12 Uhr	→
	for two months / a week	seit zwei Monaten / einer Woche	→

German „seit"

1. *bei Zeitpunkten:* **since**
   Aunt Josie has lived in Scotland **since** August / **since** 2012 / **since** she was a little girl.
2. *bei Zeiträumen:* **for**
   Uncle Jack has lived in the USA **for** two months / **for** many years / **for** a long time.

p. 36	**cycle tour** ['saɪkl tʊə]	Radtour	
	crossroads, *pl* **crossroads** ['krɒsrəʊdz]	(Straßen-)Kreuzung	
	wood [wʊd]	Holz; Wald	
	block of flats [blɒk]	Wohnblock, Häuserblock	

Story

p. 37	**jump** [dʒʌmp]	springen; *(vor Schreck)* zusammenzucken	Can you **jump** on your chair? Suddenly there was a loud noise. We all **jumped**.
	over ['əʊvə]	über	**under** ◄► **over**

fence [fens]	Zaun	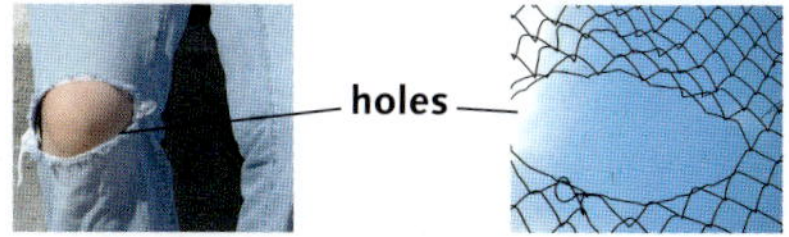
hole [həʊl]	Loch	
beside [bɪ'saɪd]	neben	My dog always runs **beside** me.
laugh at … [lɑːf]	über … lachen; sich über … lustig machen	Mum never **laughs at** dad's jokes.
princess [prɪn'ses]	Prinzessin	
prince [prɪns]	Prinz	
drive [draɪv], **drove** [drəʊv], **driven** ['drɪvn]	(an)treiben	Be careful. Don't **drive** the sheep into the river. **!** **drive** = **1.** *(mit dem Auto)* fahren; **2.** (an)treiben
be good with sth.	gut mit etwas umgehen können	Our dog **is very good with** our sheep. He always looks after them well.
blush [blʌʃ]	erröten, rot werden	He's so shy. He always **blushes** when the teacher asks him a question.
train sb. [treɪn]	jn. trainieren, ausbilden	
smile [smaɪl]	lächeln	**!** **smile** = **1.** lächeln; **2.** *(das/ein)* Lächeln
bush [bʊʃ]	Busch, Strauch	
full (of) [fʊl]	voll (mit, von)	There's too much traffic here. All the streets are **full of** cars.

	dump [dʌmp]	abladen *(Müll, Schutt)*	
p. 38	**a good deal** [diːl]	ein guter Deal, ein gutes Geschäft, ein gutes Angebot	
	suggest sth. **(to** sb.**)** [səˈdʒest]	(jm.) etwas vorschlagen	Dad **suggested** that we ask our teacher. ! *never:* Dad suggested ~~to ask~~ our teacher.
	catch [kætʃ], **caught, caught** [kɔːt]	fangen, erwischen	You throw the ball and I'll **catch** it. **Catch** me if you can!
	offer [ˈɒfə]	bieten, anbieten	Can I **offer** you something to drink?
	office [ˈɒfɪs]	Büro	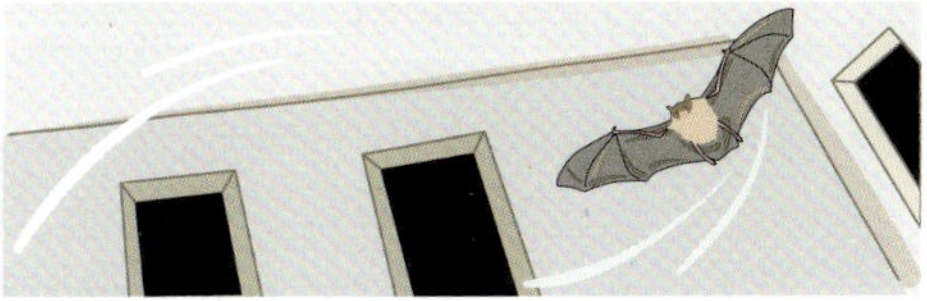 Suddenly a bat flew across the room.
	fly [flaɪ], **flew** [fluː], **flown** [fləʊn]	fliegen	
	bat [bæt]	Fledermaus	
	calm [kɑːm]	ruhig, still	She spoke **calmly**. ◄► She spoke **excitedly/ nervously**.
	lights *(pl)* [laɪts]	Licht; Lampen	
	Let's have a look.	Lass uns nachsehen.	What's that noise in the garden? – **Let's** go and **have a look**.
	switch sth. **on** [swɪtʃ ˈɒn]	etwas einschalten, anschalten	**switch** sth. **on** ◄► **switch** sth. **off**

	impatient [ɪm'peɪʃnt]	ungeduldig	I get **impatient** when I have to wait longer than a few minutes.
p. 39	**knock (on** sth.**)** [nɒk]	(an)klopfen (an etwas)	On Friday evening a **police officer** **knocked on** the Blackwells' door.
	police officer [pə'liːs ɒfɪsə]	Polizist/in	
	disturb sb. [dɪ'stɜːb]	jn. stören	I'm sorry to **disturb** you, but I have a question.
	believe [bɪ'liːv]	glauben	**Believe** me, he isn't British. He's German.
	in a different way	anders; auf andere Art und Weise	I want to celebrate my birthday **in a different way** this year.

Skills training

p. 40	**foreground** ['fɔːgraʊnd]	Vordergrund	There are two boys in the **foreground**. In the **background**, you can see a lake.
	background ['bækgraʊnd]	Hintergrund	
p. 41	**structure** ['strʌktʃə]	strukturieren, gliedern	! Betonung auf der 1. Silbe: **struc**ture ['strʌktʃə]
	for lots of reasons ['riːznz]	aus vielen Gründen	I like riding my bike **for lots of reasons**: it's quick, it's fun, and it isn't expensive.
	Firstly, … ['fɜːstli] **Secondly, …** ['sekəndli] **Thirdly, …** ['θɜːdli]	Erstens … Zweitens … Drittens …	There's a lot of shopping to do: **firstly**, we need something to eat. **Secondly**, we have to get some cola. And **thirdly**, …

	independent [ɪndɪ'pendənt]	unabhängig	
	finally ['faɪnəli]	schließlich; abschließend	After two hours I **finally** understood my maths homework.
	ideal [aɪ'diːəl]	ideal	❗ Betonung auf der 2. Silbe: i**deal** [aɪ'diːəl]
	paragraph ['pærəgrɑːf]	Absatz *(im Text)*	
	statement ['steɪtmənt]	Aussage	
p. 42	**notice** ['nəʊtɪs]	Notiz, Aushang, Anzeige	
p. 43	**grandad** ['grændæd]	Opa	
	grandma ['grænmɑː]	Oma	
	character ['kærəktə]	Figur, Person *(in Roman, Film usw.)*	❗ Betonung auf der 1. Silbe: **cha**racter ['kærəktə]
	episode ['epɪsəʊd]	Episode; Folge	❗ Betonung auf der 1. Silbe: **e**pisode ['epɪsəʊd]

Unit 3: Liverpool – the world in one city

pp. 50/51	**entry** ['entri]	Eintritt, Zutritt	**Entry** is free on Mondays.
	migrant ['maɪgrənt]	Zuwanderer, Zuwanderin	There are lots of Mexican **migrants** in California. ❗ Betonung auf der 1. Silbe: **mi**grant ['maɪgrənt]

port [pɔːt]	Hafen; Hafenstadt	
ship [ʃɪp]	Schiff	
slavery ['sleɪvəri]	Sklaverei	! Betonung auf der 1. Silbe: **<u>sla</u>very** ['sleɪvəri]
in the 1990s [naɪntiːn'naɪntiz]	in den 90er-Jahren (des 20. Jahrhunderts)	The internet became popular **in the 1990s**.

Theme 1

p. 52	**beginning** [bɪ'gɪnɪŋ]	Anfang, Beginn	! *English:* **at the beginning** *German:* **am Anfang**
	sell [sel], **sold, sold** [səʊld]	verkaufen	**buy ◂▸ sell**
	packet (of) ['pækɪt]	Packung, Päckchen, Schachtel	! *English:* **a packet of crisps** *German:* **eine Packung Chips** 
	cost, cost, cost [kɒst]	kosten	How much did your new computer **cost**?
p. 53	**policy** ['pɒləsi]	Politik, Richtlinie(n), Bestimmung(en)	There's a "no junk food"-**policy** at my school.
	more and more	immer mehr	**more and more ◂▸ less and less** immer mehr / immer weniger

	against [ə'genst]	gegen	We're not allowed to use our mobiles at school. It's **against** the school rules.
	control [kən'trəʊl]	regulieren, bestimmen	Dad wants to **control** how much TV I watch.
	teach [tiːtʃ], **taught, taught** [tɔːt]	unterrichten, lehren	Mr Schwarz is a teacher. He **teaches** English.

Theme 2

p. 54	**talent** ['tælənt]	Talent, Begabung	! Betonung auf der 1. Silbe: **ta**lent ['tælənt]
	business studies ['bɪznəs stʌdiz]	Wirtschaftskunde	
	(school) subject ['sʌbdʒɪkt]	Schulfach	! Betonung auf der 1. Silbe: **sub**ject ['sʌbdʒɪkt]
	be no good at sth.	etwas nicht gut können; nicht gut in etwas sein	I**'m no good at** tennis, but I**'m good at** judo. **be good at** sth. ◄► **be no good at** sth.
	salesperson ['seɪlzpɜːsn]	Verkäufer/in	
	competition [kɒmpə'tɪʃn]	Wettbewerb	
	take part in sth. [teɪk 'pɑːt]	an etwas teilnehmen, bei etwas mitmachen	More than 200 singers **took part in** the concert.

information (about) *(no pl)* [ɪnfə'meɪʃn]	Information(en) (über)	! Das englische Wort **information** hat keinen Plural: *English:* Here**'s** the **information** about … *German:* Hier **sind** die Information**en** über …
term [tɜːm]	Trimester	The school year in Britain has three **terms**.
p. 55 **challenge** ['tʃælɪndʒ]	Herausforderung	It is a **challenge** to learn a new language.
charity ['tʃærəti]	Wohltätigkeit, wohltätige Zwecke; Wohlfahrtsorganisation	The money will go to **charity**. (= … wird für wohltätige Zwecke verwendet.) The local youth club is my favourite **charity**.
profit ['prɒfɪt]	Gewinn, Profit	I made a **profit** of £ 15 when I sold my bike. ! Betonung auf der 1. Silbe: **pro**fit ['prɒfɪt]
as much **as** you can [æz], [əz]	so viel, wie du kannst	
prize [praɪz]	Preis, Gewinn	! **prize** [praɪz] = Preis *(den man gewinnt)* **price** [praɪs] = (Kauf-)Preis *(den man bezahlt)*
euro (€) ['jʊərəʊ]	Euro	

Pounds and euros

In **Britain** you pay with **pounds** and **pence**.

You say:	*You write:*
fifty p [piː] / **fifty pence** [pens]	**50 p**
one pound / a pound	**£ 1**
two pounds fifty	**£ 2.50**

In **Germany** you pay with **euros** and **cents**.

You say:	*You write:*
fifty cents [sents]	**€ 0.50**
one euro / a euro	**€ 1**
two euros fifty	**€ 2.50**

	present sth. **(to** sb.**)** [prɪ'zent]	(jm.) etwas präsentieren, (jm.) etwas vorstellen	Now **present** your ideas **to** the class.

Focus on language

p. 56	**least** [liːst]	am wenigsten	**the least popular idea ◄► the most popular idea**
	organic apples/vegetables/… [ɔː'gænɪk]	Bio-Äpfel/Gemüse/…	
	lend sb. sth. [lend], **lent, lent** [lent]	jm. etwas leihen	→

German „leihen"
- *etwas ausleihen von jm.* = **borrow** sth. **from** sb.
  Can I **borrow** your CD player?
- *etwas verleihen an jn.* = **lend** sb. sth.
  OK, I can **lend** you my CD player. But be careful with it.

p. 57	**egg** [eg]	Ei	You need **eggs** and **flour** to make cupcakes.
	flour ['flaʊə]	Mehl	
p. 58	**comment** ['kɒment]	Kommentar	

bowl (of) [bəʊl]	Schüssel
muesli ['mjuːzli]	Müsli
instead [ɪn'sted]	stattdessen, dafür
chocolate bar [bɑː]	Schokoriegel
cheese [tʃiːz]	Käse
tomato [tə'mɑːtəʊ], *pl* **tomatoes**	Tomate
plate (of) [pleɪt]	Teller
fried [fraɪd]	gebraten
glass (of) [glɑːs]	Glas
yogurt ['jɒgət]	Jogurt
bee [biː]	Biene
blind [blaɪnd]	blind
mouse [maʊs], *pl* **mice** [maɪs]	Maus
cucumber ['kjuːkʌmbə]	(Salat-)Gurke

Story

p. 59 **stand out (from)** [stænd 'aʊt]	sich abheben (von), herausragen (aus)	If you want to **stand out from** the others in your class, you have to work harder.
ready ['redi]	bereit, fertig	Are you **ready**? Can we go?
broken ['brəʊkən]	zerbrochen, gebrochen; kaputt	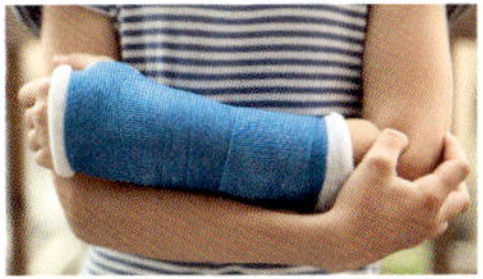 a **broken** arm  a **broken** plate
go crazy ['kreɪzi]	verrückt werden	
tidy (sth.) **up** [taɪdi 'ʌp]	(etwas) aufräumen	We have to **tidy up** the kitchen, or mum and dad will go crazy when they come home.
usual ['juːʒuəl]	gewöhnlich, üblich	Dad came home earlier than **usual**. (= He usually comes home later.)
impressed [ɪm'prest]	beeindruckt	Dad was really **impressed** when I hoovered all the house.
as soon as [əz 'suːn əz]	sobald, sowie	I'll call you **as soon as** I'm home.
at (the age of) 16	mit 16; im Alter von 16	In the USA, you can learn to drive **at 16**.
sit down [sɪt 'daʊn]	sich hinsetzen	
complain [kəm'pleɪn]	sich beschweren/beklagen	I forgot to call back, but she didn't **complain**.

p.60	**the next day**	am nächsten Tag	
	experiment [ɪk'sperɪmənt]	experimentieren	
	that morning/afternoon/ evening	an jenem Morgen/Nachmittag/ Abend	
	notice ['nəʊtɪs]	(be)merken	We all **noticed** that Mary looked very sad. I didn't **notice** him because he was so quiet.
	go on [gəʊ 'ɒn]	weiterreden, fortfahren; weitermachen	"And don't forget," he **went on**, "it's grandma's birthday tomorrow." Let's have a break. We can **go on** after lunch.
	mean [miːn], **meant, meant** [ment]	meinen, sagen wollen	! **mean** = **1.** bedeuten – What does 'bee' **mean**? **2.** meinen, sagen wollen – I don't understand. What do you **mean**?
	..., isn't it?	..., oder? / ..., nicht wahr?	This concert is fantastic, **isn't it?**
	successful [sək'sesfəl]	erfolgreich	
p.61	**aim** [eɪm]	Ziel	What is your **aim** in life? – To be successful.
	possible ['pɒsəbl]	möglich	I'll call you back as soon as **possible**.
	represent [reprɪ'zent]	repräsentieren, vertreten	Teams from six countries took part in the competition. A team from Kiel **represented** Germany.
	tidy ['taɪdi]	ordentlich, aufgeräumt	

p. 62 **take notes** [nəʊts]	(sich) Notizen machen *(beim Lesen oder Zuhören)*	! **take notes** verwendet man, wenn man sich beim Lesen oder Zuhören Notizen macht. **make notes** sagt man, wenn man sich eigene Notizen macht als Vorbereitung auf etwas, z.B. einen Vortrag oder eine Präsentation.
as a footballer/singer/...	als Fußballer/in / Sänger/in / ...	**As a footballer**, she wasn't very successful, but she's one of the best British boxers now.
female ['fiːmeɪl]	weiblich	
become [bɪ'kʌm], **became** [bɪ'keɪm], **become**	werden	

German „werden"

Man verwendet **get** oder **become** für das deutsche „werden". Das Verb **get** ist etwas umgangssprachlicher als **become**.

get/become **angry, nervous, old**
cold, windy, dark
interesting, funny

! Vor Nomen wird allerdings nur **become** verwendet.

She **became** a successful **boxer**.
Sie wurde eine erfolgreiche Boxerin.
He **became** a **doctor/singer/football fan**.
Er wurde Arzt/Sänger/Fußballfan.

	role model ['rəʊl mɒdl]	Vorbild
	strong [strɒŋ]	stark
	weak [wi:k]	schwach

He's very **strong**.

He's **weak**.

	gym [dʒɪm]	Sporthalle, Turnhalle	
	mark [mɑ:k]	kennzeichnen, markieren	
p. 63	**opinion** [ə'pɪnjən]	Meinung	**!** *English:* **In my opinion**, … *German:* **Meiner Meinung nach** …
	skinny ['skɪni] *(infml)*	mager, dürr	
	sum sth. **up** [sʌm 'ʌp]	etwas zusammenfassen	
	On the one hand … **On the other hand …**	Einerseits … Andererseits …	
	definitely ['defɪnətli]	auf jeden Fall; ganz bestimmt	I **definitely** want to go to the concert! "What do you think? A trip to the lake?" – "**Definitely**."
	even ['i:vn]	sogar, selbst	Everybody tried to help, **even** the children.
	violent ['vaɪələnt]	gewalttätig; gewaltsam	Do you think judo is a **violent** sport?

p. 64	**tourist office** ['tʊərɪst ɒfɪs]	Touristeninformation; Fremdenverkehrsbüro	
	discover [dɪ'skʌvə]	entdecken; herausfinden	I **discovered** some old pictures of my grand-parents last week.
	boat [bəʊt]	Boot	
p. 65	**Pass the ball!** [pɑːs]	Spiel ab!	
	beat sb. [biːt], **beat, beaten** ['biːtn]	jn. schlagen, jn. besiegen	I **beat** my brother at tennis last Sunday. (= I won and he lost.)
	shot [ʃɒt]	Schuss	
	Hard luck! [hɑːd 'lʌk]	Pech (gehabt)!	
	summary ['sʌməri]	Zusammenfassung	
	cycle ['saɪkl]	Rad fahren, mit dem Rad fahren	I always **cycle** to school. (= I always ride my bike to school.)

Unit 4: Bonnie Scotland

pp. 70/71	**castle** ['kɑːsl]	Burg, Schloss	a **castle** 
	below [bɪ'ləʊ]	unten; unter, unterhalb (von)	Look at the pictures **below**. Write your name **below** all the other names on the list, please.
	the Highlands *(pl)* ['haɪləndz]	das schottische Hochland	
	the United Kingdom [junaɪtɪd 'kɪŋdəm] **(the UK** [juː 'keɪ]**)**	das Vereinigte Königreich	the **United Kingdom** = Great Britain (England, Scotland, Wales) and Northern Ireland *(Nordirland)*
	capital ['kæpɪtl]	Hauptstadt	Berlin is the **capital** of Germany.
	its **own** monster [əʊn]	sein eigenes Monster	! Do you have **your own room**? (*nicht*: ~~an own room~~)
	enemy ['enəmi]	Feind/in	**friend ◄► enemy**
	symbol ['sɪmbl]	Symbol	! Betonung auf der 1. Silbe: **sym**bol ['sɪmbl]

Theme 1

p. 72	**change** [tʃeɪndʒ]	Veränderung, Wechsel	! **change** = **1.** (ver)ändern, sich (ver)ändern; **2.** Veränderung, Wechsel
	close sth. **down** [kləʊz 'daʊn]	etwas schließen, stilllegen *(Fabrik, Geschäft)*	
	customer ['kʌstəmə]	Kunde/Kundin	

in all	insgesamt	**In all**, there are 29 students in the class.
employee [ɪm'plɔɪiː]	Arbeitnehmer/in, Angestellte(r)	How many **employees** does your dad's store have? (= How many people work there?)
we ask **ourselves** [aʊə'selvz]	wir fragen uns	
unemployed [ʌnɪm'plɔɪd]	arbeitslos	A lot of workers have lost their jobs. They're **unemployed** now.
p. 73 **meal** [miːl]	Mahlzeit	We always eat a hot **meal** in the evenings.
blame sb. **(for)** [bleɪm]	jm. die Schuld geben (an); jm. Vorwürfe machen (wegen)	Don't **blame** me. It wasn't my mistake.
Don't blame **yourself**. [jɔː'self], [jə'self]	Mach dir keine Vorwürfe.	

myself, yourself, himself ... (Reflexivpronomen)

I've hurt **myself.**	Ich habe	**mir**	wehgetan	/ **mich**	verletzt.
You've hurt **yourself.**	Du ...	**dir**	...	/ **dich**	...
He's hurt **himself.**	Er ...	**sich**	...	/ **sich**	...
She's hurt **herself.**	Sie ...	**sich**	...	/ **sich**	...
It's hurt **itself.**	Es ...	**sich**	...	/ **sich**	...
We've hurt **ourselves.**	Wir ...	**uns**	...	/ **uns**	...
You've hurt **yourselves.**	Ihr ...	**euch**	...	/ **euch**	...
They've hurt **themselves.**	Sie ...	**sich**	...	/ **sich**	...

! Aussprache und Betonung:
-self [-'self]
-selves [-'selvz]

We **want** you **to** go to …	Wir möchten/wollen, dass du nach … gehst.	**!** *English:* I **want you to** help your sister. *German:* Ich **möchte, dass du** … hilfst. (*nicht*: I want ~~that you help~~ your sister.)
stick together [stɪk], **stuck, stuck** [stʌk]	zusammenhalten	Our team **stuck together**, and we won the game.
bed and breakfast (B&B) [bed ən 'brekfəst]	Frühstückspension; Zimmer mit Frühstück	We stayed at a nice **B&B** near York last year. **Bed and breakfast** can be quite expensive.
start a business	ein Geschäft/eine Firma gründen	She left school and **started** her own business.
how to do sth.	wie man etwas tut/ tun kann/tun soll	I don't know **how to** do this exercise. Can you tell me **how to** get to the station?
run a business/a hotel, **ran, run**	eine Firma/ein Hotel leiten, führen	My uncle **runs** a B&B near Kiel.
Help yourselves.	Bedient euch!/Greift zu!	There are apples and oranges in the kitchen. **Help yourselves.**
store [stɔː]	Geschäft, Laden	I need a new pair of walking boots. – I would try the outdoor **store** in the centre.

Theme 2

p. 74	**guest** [gest]	Gast	
	welcome sb. **(to)** ['welkəm]	jn. begrüßen (in), jn. willkommen heißen (in)	I'll make tea. Can you **welcome** the guests?

	area ['eəriə]	Gebiet, Gegend	I live in an **area** with lots of shops and restaurants.
	including [ɪn'kluːdɪŋ]	einschließlich; darunter (auch)	A lot of famous bands have played here, **including** *Deep Purple*. ! • The price is £ 36, **including** breakfast. (... einschließlich Frühstück) • Breakfast **is included**. (Frühstück ist inbegriffen.)
	both rooms/girls/... [bəʊθ]	beide Zimmer/Mädchen/...	Can we buy **both** T-shirts, Mum?
	dry [draɪ]	trocknen	**Dry** your hair before you go out, please.
	coat [kəʊt]	Mantel	
	per person/day/... [pɜː], [pə]	pro Person/Tag/...	
	contact ['kɒntækt]	Kontakt	! Betonung auf der 1. Silbe: <u>**con**</u>tact ['kɒntækt]
	confirm [kən'fɜːm]	bestätigen	Can you phone the hotel and **confirm** our **reservation**?
	reservation [rezə'veɪʃn]	Reservierung	
p. 75	**follow** ['fɒləʊ]	folgen; verfolgen	The detective **followed** the man to the station.
	knife [naɪf], *pl* **knives** [naɪvz]	Messer	! Aussprache – das „k" wird nicht gesprochen: **knife** [naɪf]
	dish [dɪʃ]	Gericht *(Speise)*	

Focus on language

p. 76	**serve** [sɜːv]	servieren *(Essen, Getränke)*; bedienen *(Kunden)*	Who can **serve** the drinks at our party? I want to work at a restaurant. It must be fun to **serve** the customers.
	boil [bɔɪl]	kochen; zum Kochen bringen	
	kettle ['ketl]	(Wasser-)Kessel, Wasserkocher	
	waiter ['weɪtə], **waitress** ['weɪtrəs]	Kellner, Kellnerin	
	mechanic [mə'kænɪk]	Mechaniker/in	
	receptionist [rɪ'sepʃənɪst]	Empfangschef/in	
p. 77	**vehicle** ['viːəkl]	Fahrzeug	Cars and buses, for example, are **vehicles**.
p. 78	**charge** [tʃɑːdʒ]	(auf)laden *(Batterie, Handy, …)*	

Story

p. 79	**order** ['ɔːdə]	Reihenfolge	Put the pictures in the right **order**.
	Who is the text about?	Von wem handelt der Text?	! *English:* The text **is about** a tiger. *German:* Der Text **handelt von** einem Tiger.
	ghost [gəʊst]	Gespenst, Geist	

up the hill/wall/... [ʌp]	den Hügel/die Mauer/... hinauf	**up the hill ◄► down the hill**
stairs *(pl)* [steəz]	Treppe; Treppenstufen	*English:* **Those stairs are** dangerous. *German:* **Die Treppe** dort **ist** gefährlich.
wonder ['wʌndə]	sich fragen; gern wissen wollen	Do you know that woman over there? I **wonder** who she is.
sight [saɪt]	Anblick	The mountains are amazing. What a **sight**!
Enjoy yourself/yourselves.	Viel Vergnügen! / Viel Spaß!	
midnight ['mɪdnaɪt]	Mitternacht	
wake up [weɪk 'ʌp], **woke up** [wəʊk 'ʌp], **woken up** [wəʊkən 'ʌp]	aufwachen	
shine [ʃaɪn], **shone, shone** [ʃɒn]	scheinen *(Sonne)*	Wake up and get out of bed! The sun is **shining**, and it's a beautiful day.
empty ['empti]	leer	**empty ◄► full**
turn [tɜːn]	sich umdrehen	She **turned** and walked out of the room.
p. 80 **land** [lænd]	landen	
hire [haɪə]	mieten, leihen	
driving licence ['draɪvɪŋ laɪsəns]	Führerschein, Fahrerlaubnis	You need a **driving licence** if you want to drive a car.

	mine [maɪn]	meiner, meine, meins	Is that Ryan's pencil? – No, it isn't. It's **mine**.
	tonight [tə'naɪt]	heute Nacht, heute Abend	
	luckily ['lʌkɪli]	glücklicherweise; zum Glück	A bus crashed into a tree last night. **Luckily**, nobody was hurt.
	finger ['fɪŋgə]	Finger	! Aussprache: **finger** ['fɪŋgə]
	side [saɪd]	Seite	How can I get to the other **side** of the river?
	I don't think so.	Das glaube/denke ich nicht.	"Celtic Glasgow will lose the match!" – "**I don't think so.** They're a very good team."
	I think so.	Ich glaube ja.	"Is he German?" – "**I think so.** But I'm not sure."
	the night/week/... before	die Nacht/Woche/... zuvor, die Nacht/Woche/... davor	"Last night we stayed at a B&B." – "And **the night before**?"
p. 81	**narrow** ['nærəʊ]	schmal, eng	The road was too **narrow** for the big bus.
	bend [bend]	Kurve	
	worse (than) [wɜːs]	schlechter, schlimmer (als)	! **bad** – This burger is **bad**. **worse** – But the burgers at our canteen are **worse**. **(the) worst** – And the burgers at *Chippy* are **the worst** in town.

signal ['sɪgnəl]	Signal; *hier auch:* (Handy-) Empfang	
yours [jɔːz]	deiner, deine, deins; eurer, eure, eures	
building ['bɪldɪŋ]	Gebäude	
accent ['æksənt]	Akzent	I find it hard to understand people with a strong Scottish **accent**.

Skills training

p. 82	**imagine** sth. [ɪ'mædʒɪn]	sich etwas vorstellen	**Imagine** you can fly. What would you do?
	add (to) [æd]	hinzufügen (zu)	**Add** blue to yellow and you get green.
p. 83	**national anthem** [næʃnəl 'ænθəm]	Nationalhymne	
	God [gɒd]	Gott	*God save the Queen* („Gott schütze die Königin") is the British national anthem.
	pride [praɪd]	Stolz	Adjektiv: **proud of** sth./sb. (stolz auf ...) Nomen: **pride** (Stolz)
	move [muːv]	(sich) bewegen	! **move** = **1.** (sich) bewegen; **2.** umziehen

thousand ['θaʊznd]	tausend	
torch [tɔːtʃ]	Taschenlampe; Fackel	
I'll do anything	ich werde alles tun	I love you. I'll do **anything** for you.
heart [hɑːt]	Herz	a **heart** 
p. 84 **skim a text** [skɪm]	einen Text überfliegen *(um den Inhalt grob zu erfassen)*	
heading ['hedɪŋ]	Überschrift	**a couple of sandwiches** 
caption ['kæpʃn]	Bildunterschrift	
useful ['juːsfl]	nützlich	
a couple (of) ['kʌpl]	ein paar; ein Paar	**a young couple**
somewhere ['sʌmweə]	irgendwo; irgendwohin	Can we go **somewhere** where it's hot this summer?
experience [ɪk'spɪəriəns]	Erfahrung, Erlebnis	How was your trip to Africa? – It was a great **experience**.
number ['nʌmbə]	Anzahl, Zahl	• a small **number of** children (eine kleine Zahl von Kindern) • a **number of** problems (eine Reihe von Problemen)
accommodation [əkɒmə'deɪʃn]	Unterkunft	We need cheap **accommodation** in Paris for three days.

stay [steɪ]	Aufenthalt	Verb: **stay** (bleiben) Nomen: **stay** (Aufenthalt)
dormitory ['dɔːmətri]	Schlafsaal	
towel ['taʊəl]	Handtuch	

Unit 5: A summer in Dublin

> Die Unit 5 ist keine Pflichtunit.
> Aber wenn ihr die Unit im Unterricht behandelt, solltest du die neuen Wörter aus Unit 5 lernen. Dann kennst du sie schon, wenn sie im nächsten Band als Lernwortschatz im *Vocabulary* auftreten.

pp. 92/93	°**exchange** [ɪks'tʃeɪndʒ]	(Schüler-)Austausch
	°**improve** [ɪm'pruːv]	verbessern
	°you **might** miss home [maɪt]	es könnte sein, dass du dein Zuhause vermisst
	°**likes and dislikes** *(pl)* ['dɪslaɪks]	Vorlieben und Abneigungen

Theme

p. 94	°**journey** ['dʒɜːni]	Reise, Fahrt	
	°**No.**, *pl* **Nos.** ['nʌmbə] *(auch klein:* **no., nos.***)*	Nr.	! *English:* Flight/Room **No.** 264 *German:* Flug/Zimmer **Nr.** 264
	°**belt** [belt]	(Gepäck-)Band	
	°**connection** [kə'nekʃn]	Verbindung, Anschluss	

	°**baggage** ['bægɪdʒ]	Gepäck	
	°**baggage reclaim** [rɪ'kleɪm]	Gepäckausgabe	
	°**exit** ['eksɪt]	Ausgang	
	°**passport** ['pɑːspɔːt]	(Reise-)Pass	
	°**host family** ['həʊst fæməli]	Gastfamilie, Gasteltern	
p. 95	°**information desk** [ɪnfə'meɪʃn desk]	Informationsschalter	
	°**unusual** [ʌn'juːʒuəl]	ungewöhnlich	**usual** ◀▶ **unusual**
	°**Anyway, ...** ['eniweɪ]	Also, ... / So, ... / Gut, ...	
	°**lovely** ['lʌvli]	sehr schön, wunderbar	

Story

p. 96	°**line** [laɪn]	Reihe	a **line** of houses
	°**shake** sb.'s **hand** [ʃeɪk], **shook** [ʃʊk], **shaken** ['ʃeɪkən]	jm. die Hand schütteln	
	°**giggle** ['gɪgl]	kichern	
	°**hairy** ['heəri]	haarig, behaart	

°**count** [kaʊnt]	zählen	
°**marzipan** ['mɑːzɪpæn]	Marzipan	
°**forest** ['fɒrɪst]	Wald	
°**ham** [hæm]	Schinken	
°**Oh you shouldn't have.** ['ʃʊdnt]	Das wäre doch nicht nötig gewesen!	
°**fridge** [frɪdʒ]	Kühlschrank	
°**gingerbread** ['dʒɪndʒəbred]	Lebkuchen, Honigkuchen	 a **gingerbread** man  a **gingerbread** heart
°**Lots of love**	Alles Liebe / Liebe Grüße	
°**expect** [ɪk'spekt]	erwarten	
p. 97 °**shock** [ʃɒk]	Schock	
°**only** ['əʊnli]	erst	! **only** = **1.** nur – How much is the cap? – **Only** £ 3. **2.** erst – He can't read. He's **only** 4.

°**turn over** [tɜːn 'əʊvə]	sich umdrehen	
°**shower** ['ʃaʊə]	Dusche	
°**be able to do** sth. ['eɪbl]	etwas tun können; fähig sein / in der Lage sein, etwas zu tun	Olivia **wasn't able to** come to my party last Friday. (= She **couldn't** come to my party.)
°**introduce** sb. **to** sb. [ɪntrə'djuːs]	jn. jm. vorstellen; jn. mit jm. bekanntmachen	Can you **introduce** me **to** your sister, John?
°**put up your hand**	sich melden	
°**whole** [həʊl]	ganze(r, s), gesamte(r, s)	The weather was really bad. We had to stay inside the **whole** day.
°**kiss** [kɪs]	küssen	
°**bottom** ['bɒtəm]	Gesäß, Po	
°**I don't mind.** [maɪnd]	Es macht mir nichts aus.	On Saturdays, I always have to cut the grass, but **I don't mind**.
°She can **take a joke**.	Sie kann einen Scherz vertragen. / Sie versteht Spaß.	
°**Actually, ...** ['æktʃuəli]	Eigentlich ...	**Actually**, I'd prefer to go to the cinema.
p. 98 °**lie** [laɪ], **lay** [leɪ], **lain** [leɪn]	liegen	! *-ing*-Form: **lying** – Why is your dog **lying** on my bed?

°**rest** [rest]	sich ausruhen
°**pot** [pɒt]	(Koch-)Topf
°**cooker** ['kʊkə]	Herd
°**shocked** [ʃɒkt]	schockiert
°**bean** [biːn]	Bohne
°**appetite** ['æpɪtaɪt]	Appetit
°an **underage** disco [ʌndər'eɪdʒ]	eine Disco für Minderjährige
°**alcohol** ['ælkəhɒl]	Alkohol
°**get dressed up** [drest 'ʌp]	sich fein machen, sich aufbrezeln
°**high heels** *(pl)* [hiːlz] *(oft auch kurz:* **heels***)*	hochhackige Schuhe
°**nail** [neɪl]	Nagel
°**jealous** ['dʒeləs]	eifersüchtig; neidisch
p. 99 °**souvenir** [suːvə'nɪə]	Andenken, Souvenir
°**pedestrian** [pə'destrɪən]	Fußgänger/in

! Manchmal sagt man **Enjoy!** oder **Enjoy your meal.**, wenn man gemeinsam isst.
Aber nicht: ~~Good appetite!~~

°**artist** ['ɑːtɪst]	Künstler/in	! Betonung auf der 1. Silbe: **ar**tist ['ɑːtɪst]
°**busker** ['bʌskə]	Straßenmusiker/in	
°**queue** [kjuː]	Schlange, Reihe *(wartender Menschen)*	
°**order** ['ɔːdə]	bestellen	They went into the pub and **ordered** drinks.
°**cod** [kɒd]	Kabeljau, Dorsch	
°**salt** [sɔːlt]	Salz	
°**vinegar** ['vɪnɪgə]	Essig	

salt

vinegar

°**cathedral** [kə'θiːdrəl]	Kathedrale, Dom	! Betonung auf der 2. Silbe: ca**the**dral [kə'θiːdrəl]
°**pretty** ['prɪti]	hübsch	
°**wonderful** ['wʌndəfəl]	wunderbar	
°**ketchup** ['ketʃəp]	Ketschup	
°**mayonnaise** [meɪə'neɪz]	Majonäse	
°**Yuck!** [jʌk]	Igitt!	

Focus on language

p. 100	°**mam** [mæm]	Mama, Mutti	! Kids in Ireland don't say **mum**, they say **mam**.
	°**weird** [wɪəd]	seltsam, komisch	
	°**spinach** ['spɪnɪtʃ], ['spɪnɪdʒ]	Spinat	
	°**balcony** ['bælkəni]	Balkon	
	°**explain** sth. **to** sb. [ɪk'spleɪn]	jm. etwas erklären	! *English:* Can you **explain** that **to me**? *German:* Kannst du **mir** das **erklären**? (*not:* Can you ~~explain me~~ …?)
	°**she sends her love**	sie lässt grüßen	

Skills training

p. 101	°**on foot**	zu Fuß	
	°**site** [saɪt]	Stelle, Platz, Stätte	
	°it **was built** [bɪlt]	es wurde gebaut/erbaut	

Irregular verbs

infinitive	simple past	past participle	
be	*I/he/she/it* **was**; *you/we/you/they* **were**	**been**	sein
beat	**beat**	**beaten**	schlagen, besiegen
become	**became**	**become**	werden
begin	**began**	**begun**	beginnen, anfangen
bite [aɪ]	**bit** [ɪ]	**bitten** [ɪ]	beißen
bring	**brought**	**brought**	bringen, mitbringen
buy	**bought**	**bought**	kaufen
catch	**caught**	**caught**	fangen, erwischen
come	**came**	**come**	kommen
cost	**cost**	**cost**	kosten
cut	**cut**	**cut**	schneiden; *(Rasen)* mähen
do	**did**	**done** [ʌ]	tun, machen
drink	**drank**	**drunk**	trinken
drive [aɪ]	**drove**	**driven** [ɪ]	*(mit dem Auto)* fahren; (an)treiben
eat	**ate** [et, eɪt]	**eaten**	essen
fall	**fell**	**fallen**	fallen, hinfallen
feed	**fed**	**fed**	füttern
feel	**felt**	**felt**	fühlen; sich fühlen
fight	**fought**	**fought**	kämpfen
find	**found**	**found**	finden
fly	**flew**	**flown**	fliegen

infinitive	simple past	past participle	
forget	**forgot**	**forgotten**	vergessen
get	**got**	**got**	bekommen; holen, besorgen; werden; gelangen, (hin)kommen
give	**gave**	**given**	geben
go	**went**	**gone** [ɒ]	gehen
grow	**grew**	**grown**	wachsen
have	**had**	**had**	haben
hear [ɪə]	**heard** [ɜː]	**heard** [ɜː]	hören
hide [aɪ]	**hid** [ɪ]	**hidden** [ɪ]	verstecken; sich verstecken
hurt	**hurt**	**hurt**	verletzen; wehtun
keep	**kept**	**kept**	behalten
know [nəʊ]	**knew** [njuː]	**known** [nəʊn]	wissen; kennen
leave	**left**	**left**	abfahren; (weg)gehen; verlassen; zurücklassen
lend sb. sth.	**lent**	**lent**	jm. etwas leihen
lose [uː]	**lost** [ɒ]	**lost** [ɒ]	verlieren
make	**made**	**made**	machen
mean [iː]	**meant** [e]	**meant** [e]	bedeuten; meinen, sagen wollen
meet	**met**	**met**	treffen; sich treffen; kennenlernen
pay	**paid**	**paid**	bezahlen
put	**put**	**put**	*(etwas wohin)* tun, legen, stellen
read [iː]	**read** [e]	**read** [e]	lesen

infinitive	simple past	past participle	
ride [aɪ]	**rode**	**ridden** [ɪ]	reiten; *(Rad)* fahren
ring	**rang**	**rung**	läuten, klingeln; anrufen
run	**ran**	**run**	rennen, laufen
say [eɪ]	**said** [e]	**said** [e]	sagen
see	**saw**	**seen**	sehen
sell	**sold**	**sold**	verkaufen
send	**sent**	**sent**	schicken, senden
set the table	**set**	**set**	den Tisch decken
shine	**shone** [ɒ]	**shone** [ɒ]	scheinen *(Sonne)*
show	**showed**	**shown**	zeigen
shut up	**shut**	**shut**	den Mund halten
sing	**sang**	**sung**	singen
sit	**sat**	**sat**	sitzen
sleep	**slept**	**slept**	schlafen
speak	**spoke**	**spoken**	sprechen
spend	**spent**	**spent**	ausgeben *(Geld)*; verbringen *(Zeit)*
stand	**stood**	**stood**	stehen; sich (hin)stellen
stick together	**stuck**	**stuck**	zusammenhalten
swim	**swam**	**swum**	schwimmen
take	**took**	**taken**	nehmen; mitnehmen; dauern, *(Zeit)* brauchen
teach	**taught**	**taught**	unterrichten, lehren
tell	**told**	**told**	erzählen, berichten
think	**thought**	**thought**	denken

infinitive	simple past	past participle	
throw	**threw**	**thrown**	werfen
understand	**understood**	**understood**	verstehen
wake	**woke**	**woken**	wecken
wear [eə]	**wore** [ɔː]	**worn** [ɔː]	tragen, anhaben *(Kleidung)*
win	**won** [ʌ]	**won** [ʌ]	gewinnen
write	**wrote**	**written**	schreiben

Quellen

Titelbild

Shutterstock.com/Bernhard Richter

Illustrationen

Jeongsook Lee, Heidelberg (S. 6; S. 9; S. 10; S. 12; S. 13 unten getting on the bus; S. 14; S. 17 oben u. Mitte; S. 18; S. 19; S. 23; S. 24; S. 30; S. 35; S. 40; S. 43; S. 44 sandwiches u. couple; S. 48; S. 49)

Bildquellen

iStockphoto.com (S. 17 unten: bobash; S. 22 li.: LifeJourneys, re.: Retrovizor; S. 31 re.: helendol; S. 36: tamara_kulikova); **Shutterstock.com** (S. 3 (u. 4 u. 13): venimo; S. 6 bells li.: Andy.M, bells re.: Verdateo, unten: Patrik Mezirka; S. 11: redstone; S. 13 cap: windu, hat: Dino Osmic; S. 19: Yeko Photo Studio; S. 20: Jagodka; S. 26 oben: Federico Rostagno, unten: Aerostato; S. 29: Gandolfo Cannatella; S. 31 li.: igor kisselev; S. 34 li.: lineartestpilot, re.: Sarawut Padungkwan; S. 39: Matthew Cole; S. 42: Thorsten Rust; S. 44 heart: barbaliss; S. 46: Jerome Whittingham; S. 47 li.: Ruth Black, re.: Nils Z; S. 49 li.: Sergiy Kuzmin, re.: Tania Zbrodko; S. 50: eagle13-ru)